Ann-Katrin Heger

Geschichten vom Katzenbaby

Illustriert von Silke Voigt

www.leseloewen.de

ISBN 978-3-7855-8440-8
1. Auflage 2017
© Loewe Verlag GmbH, Bindlach 2017
Illustrationen: Silke Voigt
Umschlaggestaltung: Ramona Karl
Reihenlogo: nach einem Entwurf
von Angelika Stubner
Printed in Italy

www.loewe-verlag.de

Inhalt

Ein haariger Geburtstag

Heute ist es so weit. Nelli springt

aus dem und wirft dabei

ihre auf den . Dass die

mitten auf einem alten

landet, ist ihr gerade ziemlich .

Sie muss unbedingt nachsehen,

wie viele sie bekommen hat.

Als sie die  zur aufmacht,

sieht sie einen großen , auf

dem sechs brennen. Nur

ein ? Kein ? Nelli

verzieht enttäuscht den und

lässt sich auf einen plumpsen.

Mama und Papa kommen zur

herein. Mama streicht Nelli

eine 🍌 aus dem 😊 und zieht

die 👀 hoch. „So was! Hier sitzt

eine beleidigte 🌭. Die wird

dem 🎁 bestimmt schmecken!"

Nelli guckt Mama mit großen

an. Mama hat die  zu einer

gemacht. Darin sitzt eine kleine

flauschige  . Nelli streicht über

das wuschelige  . Glücklich

sieht sie die rot getigerte  an.

„Ich nenne dich Ringel", sagt sie.

Ihr ❤ macht einen kleinen 🐈.

Die 🐈 schnappt sich mit

den 🐾 Nellis ✋. Dann fährt

sie mit der rauen 👅 über

Nellis ✋.

„Du magst also beleidigte ",

kichert Nelli. „Komm zu mir auf

den ." Doch die kleine  hebt

nur den  und schnuppert mit

erhobener . Plötzlich springt sie

auf den  und flitzt in Nellis  .

Bevor Nelli hinterherrennen kann,

kommt Ringel mit Nellis altem

im _____ zurück. „Auch kleine

sind nun mal echte ", sagt

Papa und grinst. „Nun haben wir

den 🥬."

Ringel legt das zermatschte

vor Nellis 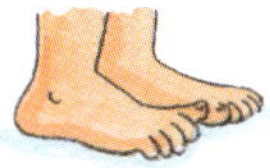 🦶 . „Nee", sagt Nelli

und rümpft die 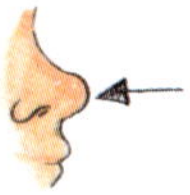 . „Nun haben

wir das 🥪 ."

Das Gespenst

„Ringel, wo bist du?", ruft Nelli

ihre kleine 🐱 . Sie hat schon

unter dem 🛏 , im 🗄 , auf

dem 🛋 und in der 🗇 gesucht.

Das ganze 🏠 hat Nelli auf

den 👧 gestellt. Doch von Ringel

fehlt jede 🐾 .

Zwei dicke rollen über

ihre . Mama nimmt Nelli in

den . „Eine kann doch

nicht einfach verschwinden",

flüstert sie ihr ins . „Wir finden

Ringel wieder. Bestimmt.

Aber zuerst gehen wir zum  .

Wir brauchen  und  ",

erklärt Mama. „Interessiert mich

nicht die  ! Ich setze keinen

vor die  , bevor meine

nicht da ist!", ruft Nelli.

Mama sieht auf die . „Wir müssen

los. Sonst macht der  zu.“

Sie nimmt den aus dem .

„Krrrr, krrrr“, macht es im .

„Zum !“, schreit Mama

erschrocken und lässt den  fallen.

Ein weißer  hüpft aus

dem  und rast über den  .

„Ein  !", ruft Nelli. Plötzlich

plumpst das  um. „Rrrrr, rrrrr",

schnurrt es. Nelli geht zu dem

weißen  und schaut hinein.

Zwei grüne  starren sie an und

eine angelt nach Nellis .

„Es ist Ringel", sagt Nelli. „Die

unheimlichste  der .

Unheimlich süß und unheimlich

frech."

Ein Platz an der Sonne

Ringel, die kleine , sieht

zur angelehnten . Bisher

kennt sie den nur vom

aus. Jetzt ist es nur noch ein

kleiner , bis sie das unter

ihren spürt. Dort drüben

beim liegt ein großer .

Perfekt, um sich dort von der

das  wärmen zu lassen. Als

die kleine  näher kommt, ist

der  besetzt. Ein grünes

glupscht sie mit großen  an.

Ringel faucht und legt die  an.

„Quak", macht das  .

„Was,  ?", fragt die kleine

und stellt die  wieder auf.

„Nee! Ich mag keine saure  ",

sagt sie. „Ich bin ein  .

Quak heißt nicht  , sondern

Hallo", sagt der  . „Ich hab mir

gleich gedacht, dass du keine

bist, denn du hast kein  ",

antwortet Ringel. Der  nickt.

„Wollen wir zusammen

futtern?", fragt er.

„Pfui ! Ich mag keine ! Ich mag keine „ "!"

Ringels sträubt sich. „Eine

würde ich allerdings mit dir

fressen." Der schüttelt

den und lässt die lange

aus dem baumeln.

„Bäähgitt, !" Beide lachen.

Der  macht einen .

„Komm zu mir auf den ",

schlägt er vor. „Also teilen wir

keine  und keine ,

wir teilen uns die ."

Der schöne Rudi

Ringel, die kleine , setzt mutig

eine vor die andere .

Es ist gar nicht so leicht auf

einem zu balancieren.

„Hey. Ich bin total von den ",

hört die kleine jemanden

sagen. Ringel wendet den .

Im  nebenan steht ein

schwarzer  zwischen

den  und beobachtet Ringel.

„Man nennt mich den schönen

Rudi", sagt der  und besieht

sich seine ausgefahrenen .

„Und wie heißt die , die mir da gleich vor die fällt?" So ein ! Eines der am ist lose. „Miau!", ruft Ringel und saust mitsamt dem genau vor die des .

„Ringel!", zischt Ringel und hält sich

den schmerzenden  . „Echt  ,

dass du mich getroffen hast", sagt

der  . „Kannst du schon

einen  machen? Nein? Dann

öffne mal   und  und lerne!"

„Du kannst einen  machen?",

fragt Ringel. „Worauf du einen

lassen kannst", sagt der schöne

Rudi. Plötzlich springt ein großer

am  hoch und bellt laut.

Dem  stehen die ... zu ... .

„Los, rauf auf den  !", ruft er

Ringel zu. Sie schlagen die  in

den ![] und klettern bis zu einem

dicken ![] . Dort sehen sie zu,

wie ein ![] den ![] an die ![]

nimmt und vom ![] wegzieht.

„Boah,  gehen mir echt auf

den 🍪 ", sagt Rudi. „Jetzt will ich

wieder runter vom 🌳 ", fiept

Ringel. „Ich auch", sagt der  .

„Ich habe aber keinen 📄 , wie.

Hoch ist ja  , aber runter ...?"

Ringel überlegt. „Ich kann heulen

wie die  von einem  “,

schlägt Ringel vor. „Miooo,

miaumioooo“, macht sie. Sofort

kommt Nelli zum  gerannt und

runzelt die  .

„Zum  , was macht ihr denn

hier?", fragt Nelli. Sie hebt den

und die kleine  vom .

Ringel kuschelt sich in Nellis .

„Das war erste ", brummt Rudi.

„Morgen zeige ich dir, wie man

einen  macht und du

bringst mir diese  bei. Was

meinst du, 🐾 drauf?" – „Klar, 🐾

drauf", antwortet die kleine Katze.

Die Wörter zu den Bildern:

 Bett

 Kuchen

 Bettdecke

 Kerzen

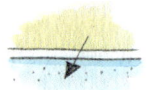 Boden

 Mund

 Schinkenbrot

 Stuhl

 Wurst

 Haarsträhne

 Geschenke

 Gesicht

 Tür

  Augenbrauen

 Küche

 Leberwurst

Augen

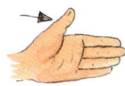 Daumen

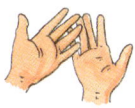 Hände

 Zunge

 Schale

 Arm

 Katze

 Kopf

 Fell

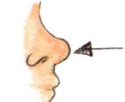 Nase

 Kugel

 Zimmer

 Herz

 Maul

 Sprung

  Raubtiere

 Pfoten

 Salat

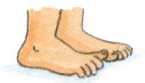 Füße

 Supermarkt

 Schrank

 Milch

 Sofa

 Katzenfutter

 Wasch-maschine

 Bohne

 Haus

 Uhr

 Spur

 Korb

 Tränen

 Regal

 Wange

 Teufel

 Ohr

 Beutel

 Gespenst

 Monster

 Welt

 Quark

 Terrassentür

 Frosch

 Garten

 Fliegen

 Fenster

 Spinne

 Gras

 Maus

 Teich

 Zunge

 Stein

 Gartenzaun

 Sonne

 Socken

 Kater

 Hund

 Blumen

 Gartentor

 Krallen

 Haare

 Mist

 Berge

 Bretter

 Baum

 Po

 Baumstamm

 Bombe

 Ast

 Purzelbaum

 Junge

 Pups

 Leine

Keks

 Kranken-
wagen

 Plan

 Stirn

 Baby

 Kuckuck

 Sirene

 Sahne

Ann-Katrin Heger arbeitete viele Jahre als Redakteurin in verschiedenen Kinder- und Jugendbuchverlagen, bevor sie sich als Autorin selbstständig machte. Sie lebt mit Mann, Kater, Kindern und Büchern in Fürth.

Diplom-Designerin **Silke Voigt** arbeitet seit 1996 als freiberufliche Autorin und Illustratorin im Kinder-, Schul- und Sachbuchbereich mit vielen deutschen Verlagen zusammen. Sie hat ein fünfjähriges Grafikdesign-Studium mit dem Schwerpunkt Illustration absolviert. Im Anschluss daran erwarb sie in einem zusätzlichen Studium der Malerei ihr Examen in Freier Kunst an der Kunstakademie.

BilderMaus
Lesen lernen mit STICKERN

**Lesen lernen ist nicht schwer.
Mit Stickern macht es richtig Spaß!**

- Drei spannende Geschichten zum Vor- und Mitlesen
- Viele schöne Malseiten
- Tolle Sticker, mit denen sich Fragen zum Text beantworten und lustige Rätsel lösen lassen

ISBN 978-3-7855-8390-6

ISBN 978-3-7855-8391-3

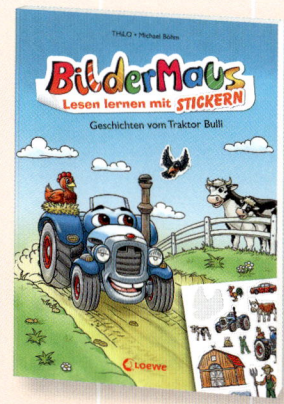

ISBN 978-3-7855-8392-0

ISBN 978-3-7855-8393-7

ISBN 978-3-7855-8394-4

ISBN 978-3-7855-8395-1